AF370912

LE PALAIS DE FLORE

BALLET.

DANSE' A TRIANON
le   Janvier 1689.

A PARIS,

Par CHRISTOPHE BALLARD, seul Imprimeur du Roy
pour la Musique.

M. DC. LXXXXIX.

Par exprés Commandement de Sa Majesté.

ARGUMENT.

L E ROY, entre les autres marques de son extréme satisfaction au Retour de Monseigneur le Dauphin, a voulu luy donner une Feste dans cét agreable Palais que l'on a tant de raison de nommer le Palais de Flore. Les Nayades & les Silvains de Trianon se réjoüissent du glorieux Retour de ce Prince. La Renommée qui a publié ses Victoires, Minerve & Bellonne qui l'ont accompagné dans son expedition, viennent se reposer dans ces beaux lieux où il est attendu. Flore qui y regne fait des Guirlandes de Fleurs pour le Couronner. Diane vient l'inviter à reprendre les Plaisirs de la

Chaſſe. La Gloire luy apporte les prix qu'il a meritez. La Joye & les Plaiſirs s'empreſſent d'aſſiſter a cette Feſte. On a eu fort peu de temps pour la preparer ; mais l'heureuſe occaſion qui la produit, le choix du lieu où elle ſe fait, & les Princeſſes qui la compoſent, doivent ſuppléer avantageuſement tout ce qu'on auroit pû trouver avec plus d'art & de loiſir.

PERSONNAGES.

TROUPE DE NAYADES chantantes.

TROUPE DE SILVAINS chantants & danſants.

LA RENOMMEE.

MINERVE.

BELLONNE.

NIMPHES DE FLORE chantantes & danſantes.

ZEPHIRS danſants.

FLORE.

DIANE.

TROUPE DE NIMPHES DE DIANE dançantes.

Deux Nimphes de Diane chantantes.

ENDIMION
CEPHALE } *Chaſſeurs chantants.*
HYPOLYTE

TROUPE DE CHASSEURS chantants & danſants.

LA GLOIRE.

TROUPE D'AMAZONES chantantes & danſantes.

PENTESILE'E,
} *Amazones chantantes.*
ANTIOPE,

TROVPE DE HEROS chantants & danſants.

ULYSSE,
CYRUS, } *Heros chantants.*

LA JOYE.

TROVPE DE PLAISIRS danſants.

TROIS PLAISIRS chantants.

Grand Chœur.

Meſſieurs Antonio, Favalli, Tomaſſo, Joſeph, Pieche, Touvier, Aubert, Dufay, Mouſſard, Bury, le Maire, la Biſodiere, Deſplanis, Rebel, Valency, Gingant, Develois, le Mire, Bernard, Tiphaine L. Tiphaine C. Langlois, Marcandiere, de Brienne, Duhamel, Gaye, Antequil, David.

LE PALAIS
DE FLORE

BALLET.

E Palais de Flore & le Printemps
eternel qui jusques à present n'a-
voient esté que dans l'imagina-
tion des Poëtes, se trouvent ve-
ritablement icy. Le Theatre de Trianon
ne sçauroit avoir de plus superbe de-
coration que Trianon mesme. L'éclat
des Marbres, & les beautez de l'Archi-
tecture attachent d'abord la veuë sur

cette grande Façade appellée le Periſtile;
& le plaiſir redouble lorſque par les ou-
vertures de ſes Arcades , entre pluſieurs
rangs de riches Colonnes, on découvre
ces Fontaines, ces Jardins, & ces Parterres
toujours remplis de toutes ſortes de Fleurs.
On ne ſe ſouvient plus qu'on eſt au milieu
de l'Hiver, ou bien l'on croit avoir eſté
tranſporté tout d'un coup en d'autres Climats, quand on voit ces delicieux objets
qui marquent ſi agreablement la demeure
de Flore.

PREMIERE ENTRE'E.

Vne Nayade chantante, Mademoiselle Brion.

Huit Nayades chantantes.

Mesdemoiselles Ferdinand l'aisnée, Ferdinand cadette,
Moreau, la Traverse, Turpin, Pieche,
Dorothée, Levesque.

Huit Silvains chantans.

Messieurs Le Roy, Philippe, Clediere, Miracle,
Brossart, Moreau, Lombard, Guillegaut.

Six Silvains danſants.

Messieurs Faüre, Favier cadet, Bouteville, Germain,
Barazé, la Montagne.

UNE NAYADE.

'Eſt l'ordre de *LOUIS ; ſignalons noſtre
zele
Au Retour du HEROS que ſon amour
rappelle.*

Chœur de Nayades & de Silvains.

*O doux momens ! ô favorable Jour !
Du DAVPHIN triomphant celebrons le Retour.*

Les Silvains danſent.

B

Chœur de Nayades & de Silvains.

Chantons, danſons ;
Que l'Echo réponde
A nos Chanſons.
Que l'onde
S'élance dans les Airs ;
Que ſon bruit réponde
A nos Concerts.

Chœur derriere le Theatre.

Victoire, Victoire, Victoire.

LA RENOMME'E, Mademoiſelle Varango.

J'ay franchy les Monts & les Mers,
Je viens d'apprendre à l'Univers
Des ſuccés qu'il ne pouvoit croire.

L'auguſte HEROS des François
Trouve un Imitateur de ſes fameux Exploits.

CHOEUR.

Victoire, Victoire.

LA RENOMME'E.

Sur ces bords où LOUIS triompha mille fois,
Son Fils ſuit aujourd'huy les traces de ſa Gloire.

Tous ensemble.

Sur ces bords où LOUIS triompha mille fois,
Son Fils suit aujourd'huy les traces de sa Gloire.
Victoire, Victoire, Victoire.

CHOEUR.

O doux momens! ô favorable Jour!
Du DAUPHIN triomphant celebrons le Retour.

MINERVE, BELLONNE.

MINERVE Mademoiselle de la Lande.

FLore tient icy son Empire,
Ses dons precieux
Y charment les yeux,
Et parfument l'air qu'on respire:
Nostre jeune HEROS dans ces Lieux favoris
De ses heureux Exploits va recevoir le prix.

Reposons-nous, fiere Bellonne,
Le Nekre & le Rhin sont soûmis.

Que LOUIS parle, qu'il ordonne,
On voit tomber les Ramparts Ennemis;
Mais le plus grand plaisir que ce succés luy donne,
C'est de voir triompher son Fils.

BELLONNE, Mademoiselle Rebel.

Minerve, vos soins fidelles
Ont guidé ce jeune Vainqueur,
Vous imprimez dans son cœur
De l'Autheur de ses Jours les Vertus immortelles.

MINERVE & BELLONNE.

Ah! quel bonheur pour ce Fils genereux
D'avoir ce parfait Modelle!
O Pere trop heureux
D'en voir une Image si belle!
Ah! quel bonheur pour ce Fils genereux!
O Pere trop heureux!

CHŒUR.

Ah! quel bonheur pour ce Fils genereux!
O Pere trop heureux!

MINERVE.

Pour faire à l'Univers connoître un Fils qu'il aime,
Pour le rendre à son tour & craint & renommé,
LOUIS retient ce bras à vaincre accoustumé,
Et s'est privé de triompher Luy-mesme;
Il donne à ce cher Fils son Sort victorieux,
Sa Puissance supresme,
Ses Conseils, son Esprit, son Exemple, & ses Dieux.

BELLONE.

Au seul nom de LOVIS toute la Terre tremble.
Et que feront encor cent Peuples étonnez

De voir un Fils qui Luy ressemble?

Nous Les verrons tous deux, nous Les verrons en-
semble

Vainqueurs fortunez,
Au bout du Monde couronnez.

MINERVE.

Vous, Nimphes de Flore,
Vous, agreables Zephirs,

Parez, ornez ces lieux, qu'ils soient plus beaux encore,
De ce grand Roy secondez les desirs.

NIMPHES DE FLORE ET ZEPHIRS.

UNE NIMPHE DE FLORE,
Mademoiselle Guignard.

Sejour pompeux & tranquille

Où nous passons les jours ainsi que des moments,

Fontaines, Iardins, Peristile,
Palais plein d'agréemens,

Dont la Royalle main à qui tout est facile

Dans ses nobles delassemens
A tracé les ornemens,

Montrez, montrez tous vos attraits charmans.

DEUXIE'ME ENTRE'E.

FLORE, MADEMOISELLE DE BLOIS.

Deux Nymphes de Flore, Mademoiselle d'Armagnac,
Mademoiselle de la Vrillere.

Quatre Zephirs dançants.
Charpentier fils, Balon, Magny fils , Blondy.

La Nymphe & le Zephir chantans.
Mad^lle. Guignard, M^r. Matos.

A L'aspect de Flore
Hastez-vous d'éclore.
Venez en ses belles mains,
Moissons odorantes,
Richesses riantes,
Roses, Iasmins,
Anemones, Amarantes.
Aimables fleurs venez orner
Le front victorieux qu'elle veut couronner.

NIMPHE, Mademoiselle Chappe.

Tout fleurit sur nos rivages
Nos Iardins sont toûjours verds.
Iamais de tristes Hivers
Nous ne sentons les outrages.
Nostre Printemps dure toûjours.
Nous n'avons que de beaux jours.

Mademoiselle Guignard.

Que l'ame est icy contente.
Tout nous rit, tout nous enchante.
Le Ciel répand sur nous
Ce qu'il a de plus doux.

Dans ces Retraittes aimables
Les biens sont purs & durables.
Le Ciel répand sur nous
Ce qu'il a de plus doux.

Chœur.

Le Ciel répand sur nous
Ce qu'il a de plus doux.

Chœur de Nymphes & de Zephirs.

A L'aspect de Flore
Hastez-vous d'éclore.
Venez en ses belles mains,
Moissons odorantes,
Richesses riantes,
Roses, Iasmins,
Anemones, Amarantes.
Aimables Fleurs venez orner
Le front victorieux qu'elle veut couronner.

TROISIE'ME ENTRE'E.

DIANE, Madame la Princesse de Conty.

Quatre Nymphes, Mesdemoiselles la Fontaine,
le Sueur, Subligny, du Rieux.

Cinq Chasseurs dançants, Messieurs Favier l'aisné,
L'estang, Pecourt, du Mirail, Germain.

Trois Chasseurs chantants, ENDIMION, CEPHALE,
HYPOLITE. M˟ˢ. Jonquet, Godoneche
& du Four.

Deux Nymphes chantantes, Mesd˟ˡˡᵉˢ. de la Lande
& Rebel.

Huit Chasseurs chantants.
M˟ˢ. Gillet, de Ville, la Fuillard, Arnoult, Colin,
Antoine, Frison, Baslaron.

ENDIMION.

Jamais du haut de sa carriere
Sur ce trosne d'argent dont se parent les Cieux
   Diane n'avoit à nos yeux
   Répandu tant de lumiere.

Iamais, quand de la nuit perçant les sombres voiles
   Elle regne entre les Etoiles,
   Elle ne tint mieux à son tour
   La place de l'Astre du jour.

Pour

Deux Nymphes de DIANE.

Sur les autels
Qu'Ephese nous vante
A t'elle ainsi ravy tous les Mortels ?
O vous, Delos, vous, Bois d'Erimante
Avez vous pû la voir si charmante ?
Sur les autels
Qu'Ephese nous vante
A t'elle ainsi ravy tous les Mortels ?

Une NYMPHE, Mad^{lle}. de la Lande.

Nymphes diligentes,
Qui suivez les loix
De la Déesse des Bois,
Renouvellons les Chasses triomphantes
Où de ses attraits
Diane embellit nos Forests,
Renouvellons nos Festes éclatantes.

※

Et vous qui du repos dedaignez la douceur,
Chasseurs tant celebrez, venez sur ce rivage
Voir l'Heroïque Chasseur
A qui vous devez vostre hommage,
Loin des affreux dangers occupez son loisir
Par un noble plaisir.

C

CEPHALE.

Le Dain timide & la Biche sauvage
N'évitoient jamais
L'atteinte de mes traits.
Mais de ses dards il fait un autre usage,
Il abat sous ses coups fameux
Des Peuples belliqueux.

HYPOLITE.

J'exerçois comme luy dans les Bois solitaires
Ces vertus sinceres
Qui regnent parmy les Silvains
Loin du commerce des Humains.
Mais je n'ay point appris, en cét estat paisible,
A forcer des ramparts ;
J'ignorois les vertus que son cœur invincible
Exerce aux champs de Mars.

Chœur de Nymphes & de Chasseurs.

Renouvellons les Chasses triomphantes
Où de ses attraits
Diane embellit nos Forests,
Renouvellons nos Festes éclatantes
De ce jeune Heros occupons le loisir
Par un noble plaisir.

QUATRIESME ENTRE'E.

LA GLOIRE. MADAME LA DUCHESSE.

Trois Amazones.
Madame de Valentinois, Madame de Florenſac,
& Mademoiſelle d'Uſez.

Deux Amazones chantantes Penteſilée & Antiope.
Meſdemoiſelles La Lande & Varango.

Huit Amazones chantantes.
Meſdemoiſelles Ferdinand l'aiſnée , Ferdinand cadette,
Moreau, la Traverſe, Turpin, Pieche, Dorothée,
Leveſque.

Deux Heros chantants.
Vliſſe, Monſieur Morel. *Cyrus*, Monſieur Cebret.

Huit Heros chantants.
Meſſieurs le Roy, Philippe, Clediere, Miracle, Broſſard,
Moreau, Lombard, Guillegaut.

Quatre Heros danſants.
Meſſieurs Leſtang, Favier l'aiſné, Pecourt, du Mirail.

PENTESILE'E.

REine des grandes ames,
Unique Objet des plus nobles Vainqueurs,
Gloire, qui de tes belles Flames
Bruſles ſans ceſſe leurs cœurs ;
Toy qui leur fais trouver une vie immortelle,
Toy du plus Grand des Roys la compagne fidelle,

Et qui l'as couronné de tes plus dignes prix ;
Dans ce parfait HEROS tu vois un tendre Pere,
Tu luy deviens encor plus chere
Lorsque tu couronnes son Fils.

CHOEUR.

O Gloire éclatante !
Gloire brillante !
Nous suivrons toûjours tes pas.

O Gloire charmante !
Nous suivrons jusqu'au trépas
Tes triomphans appas.

PENTESILE'E & ANTIOPE.

Prince heureux, le DAVPHIN t'imite ;
Tes premiers Sujets
Sont ceux qu'un plus beau Zele excite
A suivre tes nobles projets.

Ces Princes brillants de ta gloire,
Ces HEROS formez de ton Sang ;
Comme auprés de ton Trofne, au Temple de memoire
Tiennent le premier rang.

CHOEUR.

O Gloire brillante !
Gloire charmante !
Nous suivrons jusqu'au trépas
Tes triomphans appas.

PENTESILE'E.

Vous que la Gloire a jadis couronnez,
Venez, Heros, venez,
Voyez pour nos Guerriers quel triomphe s'appreste
Voyez dans cette heureuse Feste
Les biens qui leur sont destinez.

ULISSE.

Quel doux transport, ô grand Roy!
De voir un Fils digne de toy!
Que Telemaque ainsi pour mes yeux eut de charmes!
Que je versay de douces larmes!
Quel doux transport, ô grand Roy!
De voir un Fils digne de toy!

CYRUS.

Vn silence profond couvrit ma noble audace,
Dauphin, ainsi que vous dans les sombres forests,
En s'occupant à la Chasse,
Cyrus d'un grand dessein déguisa les apprests;
Remply de ce beau feu dont l'ardeur vous inspire
Je partis du fonds des bois
Pour courir aux plus grands Exploits,
Et renverser un Empire.

PENTE'SILE'E.

Ces Heros, Gloire immortelle,
Qui s'immolerent pour vous,
Ne vous virent point si belle
Que vous l'estes parmy nous;

S'ils ont bravé tant d'allarmes
Pour voſtre nom glorieux,
Qu'euſſent-ils fait pour les charmes
Que vous montrez à nos yeux ?

CHOEUR.

O Gloire éclatante !
Gloire brillante !
Nous ſuivrons toûjours tes pas.
O Gloire charmante !
Nous ſuivrons juſqu'au trepas
Tes triomphans appas.

La fureur ſanglante
Des cruels combats ;
La chaleur brulante,
La froideur glaçante
Des plus affreux climats ;
De Bellonne tonnante,
De la foudre devorante
Les bruyants éclats ;
De la Terre tremblante
L'horrible fracas,
Ne nous empécheront pas
De ſuivre ſes pas.

O Gloire brillante !
Gloire charmante !
Nous ſuivrons juſqu'au trepas
Tes triomphans appas.

CINQUIESME ENTRE'E.

La Joye, Mademoiselle Chappe.

Trois Plaisirs chantants.

Meſſieurs Jonquet, Matos & Cebret.

Vn Plaiſir danſant , Monſieur Beauchamp.

Quatre autres Plaiſirs danſants.

Meſſieurs Faüre , Bouteville, Germain, Barazé.

LA JOYE.

LA *Joye & les Plaiſirs*
Viennent en ce beau jour combler tous vos deſirs.
Les Grandeurs, les Feſtes pompeuſes
Jamais ſans nous ne ſeroient heureuſes ;
C'eſt nous qui dans les Cieux
Preſidons aux Feſtes des Dieux.

TROIS PLAISIRS.

Rien n'eſt égal aux douceurs
Des Plaiſirs qui ſuivent la Gloire ;
Rien n'eſt égal aux douceurs
Que la Victoire
Met dans les nobles cœurs.

UN PLAISIR. Monſieur du Four.

Fameux HEROS
Au plaiſir l'honneur vous meine,
Un doux repos
Suit le danger & la peine.
Les plaiſirs les plus doux
Nobles cœurs ſont pour vous.

Voicy le jour, ô divine Princeſſe!
Que demandoit voſtre juſte tendreſſe:
Que de plaiſir ſent voſtre cœur
De revoir ce Vainqueur!

CHOEUR.

Qu'il doit plaire à vos yeux
Ce Vainqueur glorieux!

TRIO.

Ce HEROS glorieux,
Qu'il doit plaire à vos yeux!

LA JOYE ET UN PLAISIR.

Dans ſa crainte un veritable amour
Répand des larmes;
Mais en ſuite un heureux retour
A plus de charmes.
Aprés qu'on a pleuré dans ſes tendres douleurs
De joye & de plaiſir on verſe auſſi des pleurs.

SIXIE'ME

SIXIE'ME ENTRE'E.
CHACONE.

FLORE, Mademoiselle de Blois.
DIANE, Madame la Princesse de Conty.
LA GLOIRE, Madame la Duchesse.

Suitte de Flore.
Mademoiselle d'Armagnac. Mademoiselle de la Vrillere.

Quatre Zephirs.
Balon, Blondy, Magny, Charpentier.

Suitte de Dianne.
Mesdemoiselles de la Fontaine, Durieux.

Deux Chasseurs.
Messieurs du Mirail, Favier laisné.

Suitte de la Gloire.
Deux Amazonnes. Madame de Valentinois,
Mademoiselle d'Uzés.

Deux Heros.
Messieurs Pecourt, L'estang.

CHOEUR.

La Joye & les Plaisirs
Viennent en ce beau jour combler tous vos desirs.

Les plaisirs les plus doux
Nobles cœurs sont pour vous.

GRAND CHŒUR.

*Vous, grand Roy, vous, DAUPHIN, digne Fils
d'un tel Pere,
Vivez toujours heureux, & triomphez toujours.
Que le Ciel constant à vous plaire
Jamais ne change le cours
De ces beaux jours ;
Vivez, triomphez toujours.*

*Que vos HEROS naissans, que l'auguste Princesse
Qui les donne à vostre tendresse,
Possedent avec vous ce bonheur plein d'attraits ;
Qu'une felicité si douce & si charmante
Tous les jours s'augmente ;
Qu'elle ne finisse jamais.*

*Que rien ne change le cours
De ces beaux jours.
Vivez, triomphez toujours.*

F I N.